ASSOCIATION CATHOLIQUE DE LA JEUNESSE FRANÇAISE

Alliance catholique de la Jeunesse de Savoie

RÉUNION SOLENNELLE

A CHAMBÉRY

en l'honneur de

JEANNE D'ARC

Sous la présidence de

S. G. Mgr HAUTIN

Archevêque de Chambéry

LE DIMANCHE 10 JUIN 1894

CHAMBÉRY

IMPRIMERIE SAVOISIENNE, 5, RUE DU CHATEAU

1894

ASSOCIATION CATHOLIQUE DE LA JEUNESSE FRANÇAISE

Alliance catholique de la Jeunesse de Savoie

RÉUNION SOLENNELLE
A CHAMBÉRY
en l'honneur de

JEANNE D'ARC

Sous la présidence de
S. G. Mgr HAUTIN
Archevêque de Chambéry

LE DIMANCHE 10 JUIN 1894

CHAMBÉRY
IMPRIMERIE SAVOISIENNE, 5, RUE DU CHATEAU

1894

ALLIANCE CATHOLIQUE DE LA JEUNESSE DE SAVOIE

RÉUNION SOLENNELLE

en l'honneur de

JEANNE D'ARC

A l'occasion de la fête de Jeanne d'Arc, organisée sur l'initiative et sous le haut patronage de S. G. Mgr l'Archevêque de Chambéry, le Comité de l'Alliance catholique de la Jeunesse de Savoie avait décidé une réunion générale de tous les groupes affiliés.

Trente-trois groupes ont répondu à l'appel du Comité et se sont fait représenter à la fête du 10 juin.

Plusieurs d'entre eux, arrivés le matin, purent assister à la messe solennelle célébrée à la Métropole, à l'allocution de Monseigneur et au chant du *Te Deum*.

La réunion de deux heures.

Dès une heure et demie, les jeunes gens venus de tous les points de la Savoie envahissent les deux grandes salles de la rue Macornet, devenues bientôt trop étroites.

Les divers groupes sont reçus par M. F. Lansard, président du Comité ; ils se font inscrire et reçoivent les avis nécessaires pour assurer le bon ordre des cérémonies de la soirée.

A la Métropole.

A deux heures trois quarts, les délégations font leur entrée, bannières et drapeaux déployés. On remarque surtout la bannière de l'*Alliance catholique de la Jeunesse de Savoie,* le drapeau tricolore frangé d'or de la Société des *Francs-Catholiques* de l'arrondissement d'Albertville, la bannière de la *Congrégation du Collège du Pont-de-Beauvoisin* et le drapeau richement orné de la *Conférence de Saint-Hugues* de Grenoble.

Les présidents des groupes respectifs, portant les bannières et les drapeaux, franchissent les degrés du chœur et se rangent, au nombre de onze, le long de la table de communion. Dans l'avant-chœur, aux places réservées, se pressent plus de sept cents jeunes gens. Le reste de l'église est littéralement comble. Le spectacle est d'une imposante grandeur.

La cérémonie religieuse.

A trois heures, Monseigneur fait son entrée par le milieu de la grande nef, et les vêpres commencent.

Puis la maîtrise entonne l'*Ave Maris stella,* dont le chant, continué à l'unisson par tous les jeunes gens et accompagné par l'orgue, produit un effet saisissant.

Enfin, la maîtrise exécute le *Tantum ergo* de Rossi et Mgr l'Archevêque donne la bénédiction solennelle du Très Saint Sacrement.

Le défilé.

Immédiatement après la bénédiction s'organise le défilé. Décidée seulement depuis la veille, cette partie du programme s'est exécutée cependant avec un plein succès.

Le cortège se forme dans l'ordre suivant :

La fanfare de l'Orphelinat du Bocage.

La *Société des Francs-Catholiques* de l'arrondissement d'Albertville.

Les délégations de l'*arrondissement de Moûtiers*.

Les délégations de l'*arrondissement de Saint-Jean de Maurienne*.

La délégation du *Collège de Rumilly*.

Les délégations de l'*arrondissement de Chambéry*.

Chambéry, Saint-Alban, Saint-Baldoph, Challes-les-Eaux, Sonnaz, Verel, Saint-Cassien.

La délégation du *Collège du Pont-de-Beauvoisin*.

Montmélian, Arbin, Myans, les Marches.

La Motte-Servolex, le Trembley, le Bourget, Vimines, Bissy.

Saint-Pierre d'Albigny, Cruet, Fréterive, Saint-Jean de la Porte.

Le cortège, précédé de la fanfare qui joue avec beaucoup d'entrain plusieurs pas redoublés et l'air des *Allobroges*, parcourt l'itinéraire suivant pour se rendre à la conférence de M. Descostes :

Rue Métropole, place Saint-Léger, Portiques, rue Neuve, boulevard de la Colonne, Pont du Reclus, faubourg Nezin.

Sur le parcours, une foule considérable manifeste en plusieurs endroits sa sympathie par des applaudissements.

La Conférence.

A quatre heures et demie, on arrive à la grande salle de l'Externat Saint-François, déjà envahie par une foule nombreuse, et dont on a dû fermer les portes pour permettre au cortège d'y trouver des places.

A leur entrée, les jeunes gens sont vivement acclamés.

La salle est magnifiquement décorée.

Le devant de l'estrade d'honneur, encadré de grands rideaux tricolores, est surmonté de cette inscription en lettres d'or : *Gloire à Jeanne d'Arc.*

Au fond de l'estrade, sur le ton rouge des draperies, se détachent, à droite et à gauche, des écussons aux armes de Jeanne d'Arc, surmontés de faisceaux de drapeaux tricolores, et au centre la Croix, avec les mots *Jhesus, Maria,* qui étaient inscrits sur l'étendard de l'héroïne.

Sur les murs de la vaste salle, des cartouches ornés de drapeaux portent des inscriptions rappelant les principales victoires de la libératrice de la France.

La salle est comble. On peut évaluer à 1,600 le nombre des personnes accourues pour entendre la conférence de M. Descostes. Beaucoup ont dû rester dans la cour, groupés devant les fenêtres laissées ouvertes.

Jamais, croyons-nous, le brillant orateur qui va se faire entendre n'a eu un auditoire plus nombreux et plus distingué.

Au premier rang, les *dames patronesses et les membres d'honneur* de la Jeunesse catholique, qui ont dû, ce jour-là, être fiers de l'œuvre à laquelle ils portent un intérêt dévoué. Derrière eux, l'élite de la société chambérienne, puis la foule des jeunes gens ; un grand nombre de membres du clergé ; beaucoup d'officiers en civil ; des auditeurs venus de toute la Savoie et même des départements voisins.

Sur l'estrade, où avaient pris place près de 200 personnes, Mgr Hautin présidait, ayant à sa droite M. le général de division Borson, en civil, portant la plaque de grand officier de la Légion d'honneur, et, à sa gauche, M. l'avocat Descostes, conseiller municipal de Chambéry, portant les insignes de commandeur de Saint-Grégoire-le-Grand.

En outre, avaient pris place au bureau : MM. les chanoines Burdin, Ramaz, Quay-Thevenon, vicaires généraux ; M. le chanoine Mareschal, curé de la Métropole; M. Gariel, président de la Conférence de Saint-Hugues de Grenoble ; M. F. Lansard, président du Comité de l'Alliance catholique de la Jeunesse de Savoie.

En ouvrant la séance, Mgr l'Archevêque, tout à la joie d'avoir à donner la parole à un orateur que son talent et ses succès présentent d'eux-mêmes à l'assemblée, tient à exprimer sur-le-champ ses vifs remerciements aux organisateurs de la seconde partie du programme de la fête, à la Jeunesse catholique si compacte en ce jour et si ardente pour la cause sacrée du patriotisme et de la foi, à tous ceux enfin qui ont contribué à l'éclat de cette pacifique manifestation.

Puis M. Descostes se lève. Il est salué par de longs applaudissements. Dès les premiers mots, il captive son auditoire et pendant une heure et demie il le tient sous le charme de sa chaude et vibrante éloquence.

L'orateur, en présentant les enseignements qui découlent de la vie de l'héroïne française, montre que la jeunesse catholique doit sauver la Patrie, comme Jeanne d'Arc, par la foi, le courage et l'immolation.

A tout instant, le conférencier, dont le merveilleux talent semble à l'apogée de sa puissance et de son éclat, est interrompu par les applaudissements enthousiastes de l'assistance.

Aussi Monseigneur se fait l'interprète de tous en félicitant et en remerciant le brillant orateur. Il insiste sur les conseils pratiques qu'il a adressés à la Jeunesse, et pour exciter celle-ci à les suivre et à persévérer dans les nobles sentiments qui l'animent, il donne lecture des deux dépêches suivantes :

« *Cardinal Rampolla. Rome.* — Jeunesse catholique de Savoie réunie à Chambéry, sous la présidence de l'Archevêque, pour fêter Jeanne d'Arc et entendre la conférence de l'avocat Descostes, dépose aux pieds de Sa Sainteté profond hommage de sa vénération, de sa soumission et de sa reconnaissance, et implore humblement la bénédiction apostolique. — Archevêque de Chambéry. »

« *De Rome, le 9 juin.* — A Mgr l'Archevêque de Chambéry. — Le Saint Père accepte volontiers l'hommage filial de la Jeunesse catholique de Chambéry dont Votre Grandeur a été l'interprète et lui envoie de grand cœur la bénédiction sollicitée. — Cardinal Rampolla. »

Enfin, sur la proposition de Monseigneur, toute la salle debout, répète les trois acclamations suivantes : **Vive Jeanne d'Arc ! Vive la France ! Vive Léon XIII !**

Deux dernières acclamations adressées, d'un élan unanime, à Monseigneur et à M. Descostes, à qui sont dus le succès et l'éclat de la fête de Jeanne d'Arc, leur expriment la sympathie, l'admiration et la reconnaissance de tous.

DISCOURS DE M. FRANÇOIS DESCOSTES

JEANNE D'ARC ET LA JEUNESSE FRANÇAISE

Monseigneur, Mesdames, Messieurs,

En me levant sous la protection de la parole vénérée que nous venons d'entendre [1], en face de ce magnifique auditoire, où, si loin que plonge mon regard, je ne découvre que des visages rayonnants et amis, j'éprouve un sentiment de joie patriotique, de confiance et de sérénité dont il n'est pas permis toujours de subir le charme aux ouvriers de la parole qui ont à remuer des idées, à soutenir des thèses, à défendre, à attaquer, à combattre et dès lors à soulever parfois, je ne dirai pas des tempêtes, mais des conflits d'opinions dans les luttes de la barre et de la vie publique...

Cet écueil, je n'aurai pas, et j'en bénis le ciel, à le rencontrer sur ma route, car le sujet dont je suis appelé à vous entretenir au déclin de cette belle et inoubliable journée, est, par essence, l'un de ceux qui dominent toutes les controverses, qui écartent toutes les divisions, sur le terrain desquels, d'où que nous venions, quelles que puissent être les nuances qui nous séparent, — pourvu que nous soyions Français, et nous le sommes tous ici, — nous ne pouvons avoir qu'un seul cœur et qu'une seule âme !... (*Applaudissements.*)

Parler de Jeanne d'Arc, n'est-ce pas en effet, Messieurs, parler de la France, et parler de Jeanne d'Arc à la Jeunesse catholique

---

[1] Celle de Mgr l'Archevêque de Chambéry, qui a présenté l'orateur à l'auditoire.

de France, n'est-ce pas célébrer celle que j'entendais appeler ce matin la patronne de la Jeunesse française, la Judith de la nation très-chrétienne, l'héroïne qui fut un ange par les inspirations, un lys par la candeur, une flamme par la charité, un soldat par le courage, un grand capitaine par le génie, une martyre par le bûcher, une sainte par la voix du peuple, et qui deviendra bientôt une sainte par la voix de Dieu, puisque le représentant de Dieu sur la terre, le Pape de la jeunesse et des ouvriers a voulu faire à la fille aînée de l'Eglise la faveur insigne d'ouvrir à la « bonne lorraine » les portes de ce royaume d'élection que l'Eglise réserve à ses saints ?... (*Applaudissements répétés.*)

Aussi bien, Messieurs, quels que fussent mon désir de garder le silence, mon trouble en face d'un pareil sujet, mon hésitation à l'aborder et la difficulté de le rajeunir, alors que sur tous les points du territoire les princes de la parole sacrée et de la parole profane viennent de le traiter à l'envi, — je n'ai pas su résister à l'expression, tombée de haut, d'un désir que j'ai considéré à la fois comme un ordre paternel, comme une récompense et comme un honneur. Je n'ai pas voulu me dérober à l'invitation de mes vieux amis, — les jeunes ! — et je suis venu, une fois de plus, dans leurs rangs me rajeunir à leur contact, et avec ma jeunesse de cœur, la seule qui me reste, ma foi, mon ardeur, ma bonne volonté, — apporter en votre nom l'hommage de la Savoie française à la Pucelle que Voltaire a essayé de salir et que la France entière acclame, dans un commun élan de ferveur pieuse et d'enthousiaste admiration, parce qu'elle voit en elle le génie tutélaire qui a sauvé la France, qui a constitué la France et qui, au bout de cinq siècles bientôt, reste sa gloire la plus fraîche, la plus jeune, la plus pure, la plus poétique, la plus captivante, la plus populaire, la plus véritablement française !... (*Bravos, applaudissements.*)

N'est-ce pas, en effet, un superbe et consolant spectacle que celui dont, en ce moment, la France est le théâtre et le monde entier, le témoin ? N'est-il pas pour nous dédommager de bien des hontes, des amertumes et des épreuves ?... Je vais plus loin et plus haut, moi qui crois en Dieu ! ne faut-il pas y voir la continuation, le reflet et comme la consécration divine de la mission providentielle de Jeanne d'Arc ?... Quoi ! à notre époque où tout passe si vite, où l'oubli facile des services rendus, l'égoïsme, la matière et le veau d'or règnent en souverains maîtres, où hommes et choses, institutions et sociétés disparaissent en un clin d'œil, emportés, balayés par le vent, une jeune fille ressuscite ; elle soulève la pierre de son tombeau, elle apparaît dans les splendeurs d'un nouveau Thabor... Et devant cette apparition miraculeuse, après un sommeil de plusieurs siècles, les cœurs ont battu à l'unisson, les partis ont fait trêve à leurs querelles, les opinions se sont fondues et, des rivages de la libre pensée jusqu'à ceux de la foi, qui sont les nôtres, tous les Français dignes de ce nom se sont tendu la main pour rendre à cette figure idéale le tribut de reconnaissance patriotique qui lui est dû !... Et, de même que dans une œuvre musicale, — nous en avons entendu ce matin dont les échos mélodieux retentissent encore à nos oreilles, — les dissonances font ressortir l'accord parfait, il fallait à cette puissante harmonie la dissidence de ceux qu'un journal républicain appelait hier « les modernes Cauchon du Grand-Orient. » Ne nous en inquiétons pas, Messieurs ; qu'ils s'agitent, protestent et complotent à leur aise au fond de leurs loges ! Ils ne nous empêcheront pas, nous, catholiques de France, ils n'empêcheront pas le pays tout entier d'acclamer au grand jour, sans arrière-pensée et sans préoccupation politique, la grande et sainte figure qui domine tous les partis, qui n'appartient à aucun, parce qu'elle appartient à la France et que Dieu a incarné en elle l'image même de la patrie ! (*Vifs applaudissements.*)

Et cet admirable mouvement, d'où est-il parti ?... Ah ! c'est ici, Messieurs, qu'éclate dans toute sa splendeur la puissance morale de la papauté !... Cherchez là-bas, là-haut, dans ces régions sereines d'où l'auguste Vieillard du Vatican gouverne les âmes. Un mot de sa bouche, un geste de sa main ont suffi pour déterminer ce courant irrésistible qui est comme le réveil de l'âme de la patrie ; et ce ne sera pas, l'histoire le dira, l'une des moins heureuses et moins providentielles inspirations de notre grand Pape que d'avoir, en entourant la figure de Jeanne d'une première auréole, prouvé une fois de plus son amour pour la France et préparé la réconciliation définitive, nécessaire à sa grandeur et à l'accomplissement de sa mission, en conviant tous ses enfants à se rencontrer, à se rapprocher dans le culte des mêmes souvenirs !...

Eh bien ! salut à vous, qui êtes réunis pour les célébrer, à vous, Jeunesse française, « le printemps, l'avenir, la France de demain », à vous, fils de la noble terre de Savoie, à vous, leurs frères du Dauphiné, enfants comme eux de la fière Allobrogie ! c'est à ces souvenirs que je viens faire appel sur la frontière, au pied de ces Alpes bien-aimées dont j'aperçois d'ici les sommets neigeux, dans ce petit pays qui est venu le dernier grossir l'unité nationale dont Jeanne d'Arc a été la véritable fondatrice et qui, en se donnant à la France, en a adopté, comme on l'a si bien dit, « le passé, les gloires et les destinées », sur cette terre féconde en hommes, qui a donné le jour à l'Evêque d'Orléans, dans les murs de cet établissement libre dû à l'âme d'apôtre d'un généreux et vénéré prélat, au sein de cette réunion tenue sous la houlette d'un pasteur, digne héritier de notre doux et aimable saint François de Sales, et qui a su conquérir nos cœurs avec autant de rapidité que Jeanne en a mis à faire lever le siège d'Orléans... (*Applaudissements répétés.*)

Je n'ai, certes, pas la prétention de vous raconter une histoire que tous les Français connaissent, que nous racontent les écussons et les devises de cette salle si magnifiquement décorée... Ne l'avez-vous pas apprise hier sur les bancs de l'école... que dis-je ? vos mères ne vous l'ont-elle pas enseignée en vous berçant sur leurs genoux, de même que la « sublime mère » de Joseph de Maistre l'endormait, enfant, en lui récitant des vers de Racine ?...

Je voudrais simplement retracer à grands traits les principales phases de cette vie merveilleuse en son cours si rapide, et vous montrer dans Jeanne d'Arc non seulement ce qu'elle est aux yeux de tous, l'incarnation même du patriotisme, mais ce qu'elle est pour nous, croyants, l'envoyée de Dieu, qui a sauvé la France, qui, — comme je le disais tout à l'heure, — a en quelque sorte constitué la France par la *foi*, par le *courage* et par l'*immolation*.

Ces trois mots, si grands et si simples, résument, en effet, Messieurs, les trois périodes de sa vie : ils la fixent, ils la gravent en caractères ineffaçables dans le cœur de la patrie et, en même temps qu'ils constituent la tradition la plus noble d'un passé qui est notre honneur et que nous ne devons point répudier, ils formulent pour nous l'éternelle leçon à l'aide de laquelle Dieu, dont Jeanne d'Arc a été le bras droit, apprend à la France qu'il chérit et qu'il protège, de quelle façon elle pourra triompher des orages de l'heure présente et conjurer les menaces de l'avenir.....

I

Si l'on parcourt en effet, Messieurs, les pages de ce livre d'or sans pareil qui s'appelle l'histoire de notre beau pays de France, on est frappé, saisi, illuminé par un phénomène qui atteste, — en même temps que sa vitalité, la puissance et l'énergie de ses ressorts, — sa mission providentielle et ses immortelles destinées.

Il y a des jours de plein soleil, des périodes de rayonnement superbe, — il y a des éclipses aussi, des passes difficiles, des chutes, des hontes, des abîmes au fond desquels la patrie blessée, meurtrie, semble prête à rendre le dernier soupir... Puis, soudain, comme par enchantement, l'orage se dissipe ; les nuages disparaissent : c'est le renouveau après l'hiver ; la France refleurit, se relève, panse ses blessures et reprend sa course, plus forte que jamais, sur le grand chemin de la civilisation chrétienne, alors qu'on la croyait pour toujours abaissée, écrasée, supprimée ou tout au moins reléguée au rang des puissances de second ordre, sous la suprématie, sous le talon de l'étranger...

Telle elle était, Messieurs, à l'aurore du xve siècle. De la même façon qu'en 1870 la France, vaincue, devait offrir un douloureux contraste avec la France de l'épopée impériale qui commandait à l'Europe et dans les souvenirs de laquelle le pays, énamouré de gloire militaire, semble aujourd'hui se complaire, se recueillir et se retremper, — de même la France d'alors n'était plus que l'ombre de cette France du xiiie siècle, unie à Dieu sous le sceptre du plus saint des rois et dont l'influence civilisatrice illuminait jusqu'aux extrémités de l'Orient.

A travers les convulsions du xive siècle et les calamités de la guerre de cent ans, la France de Tolbiac avait perdu sa voie ; elle avait oublié Dieu, méconnu le respect dû à son représentant sur la terre, ce qui ne porte pas plus bonheur aux nations qu'aux individus ; aussi marchait-elle à la dérive et comme abandonnée du Ciel.

Le règne néfaste de Charles VI venait lui donner le coup de grâce..... Sur le trône, un roi fou, une reine impudique et adultère, cette Isabeau de Bavière dont l'histoire a flétri le nom ; — sur les degrés du trône, les querelles des Armagnacs et des Bourguignons ; en plein territoire, l'étranger pénétrant, le honteux traité de Troyes à la main ; et, dans le pays lui-même, un peuple désemparé, divisé, privé de direction, perdant de jour en jour l'idée naissante de patrie avec le sentiment de la dignité nationale et s'acheminant à grands pas vers la servitude, comme toute nation dont les chefs perdent de vue l'étoile polaire qui conduit les peuples vers leurs destinées et les empêche de rouler dans l'abîme, au sein des obscurités de la nuit. (*Vive approbation.*)

Charles VI était descendu dans la tombe le 21 octobre 1422.

Au terme de ce règne qu'avait assombri la démence du pauvre

roi, alors que sa dépouille mortelle venait à peine de prendre place dans les caveaux de Saint-Denis, aux côtés de celles de Philippe Auguste et de Charles-le-Sage, un cri sacrilège ébranla soudain les voûtes indignées de la vieille basilique : « Vive Henri de Lancastre, roi d'Angleterre et de France ! »

Un étranger, un Anglais, maître de Paris, venait d'être proclamé roi du plus beau royaume après celui du ciel !

Le dauphin, réfugié dans un château au fond du Berri, à peine entouré de quelques serviteurs fidèles, maître seulement d'une partie des provinces du centre et du midi, est proclamé roi, sous les plis de la bannière de France en deuil, au cri de : « Vive Charles VII ! »

C'était, hélas ! le « roi de Bourges, » ainsi que l'appelaient ironiquement les Anglais. Il se fait couronner à Poitiers ; mais, oubliant qu'il a un royaume à reconquérir pour mériter la couronne, il abandonne le roseau qui lui sert de sceptre aux intrigues des courtisans et, couvert de fleurs, au sein des plaisirs et des fêtes, il laisse l'invasion anglaise s'étendre comme une lèpre sur le territoire de la patrie. Bientôt, l'étranger a conquis le Maine, il marche victorieux vers la Loire et vient mettre le siège devant Orléans, le dernier boulevard de la monarchie. Orléans pris, c'en était fait et de la monarchie, et de la France !...

Si le roi aveuglé, insensible à la défaite « perdait gaîment son royaume », ainsi que le lui reprochait un des ses plus illustres capitaines, le peuple, dont les destinées étaient liées aux siennes, sentait à la fin la rougeur lui monter au front. D'héroïques gentilshommes, tels que les Dunois et les Xaintrailles, faisaient inutilement des prodiges de valeur. La Hire s'élançait au combat en proférant, sur le front de sa troupe, cette prière que l'histoire a enregistrée : « Dieu, je te prie que tu fasses aujourd'hui pour La Hire autant que tu voudrais que La Hire fît pour toi s'il était Dieu et que tu fusses La Hire !... » (*Rires et applaudissements.*)

Dieu entendit la prière du vaillant chevalier : elle s'élevait alors vers lui des châteaux, des villes et des chaumières. Dieu voulut sauver la France et le roi, en dépit du roi, et pour les sauver il alla prendre par la main, non pas un homme, une femme, — non pas un homme de guerre, une bergère, — non pas un gentilhomme, une enfant du peuple, — et il lui dit : « Lève-toi, Jeanne, quitte tes parents, ton village, ton troupeau : va devant toi ! tu as une mission à remplir, remplis-la ! c'est toi qui dois sauver la France et son roi ! »

Cette envoyée de Dieu, Messieurs, c'était la vierge de Domrémy. (*Salve d'applaudissements.*)

Elle était née de pauvres paysans, dans un village de cette belle province de Lorraine dont une branche, séparée du tronc par nos effroyables épreuves, attend dans le silence et dans les larmes l'heure qu'il plaira à Dieu de fixer pour son retour à la patrie et pour les inévitables réparations de l'avenir..... Jeanne ne savait ni lire ni écrire : elle n'avait appris qu'à prier. Elle ne savait ni monter à cheval, ni manier une épée, ni porter une armure : elle n'avait appris qu'à filer la laine de ses brebis..... Rien, au point de vue humain, n'indiquait l'humble bergère pour une entreprise qui paraissait insensée : ni sa naissance, ni son sexe, ni son éducation, ni sa jeunesse, ni sa vie qui s'était jusque-là épanouie comme une fleur modeste aux bords des ruisseaux, au milieu des champs, au pied de ces montagnes des Vosges qui sont comme la miniature des grandes Alpes de Savoie...

Mais cette bergère était lorraine, cette lorraine était française, cette française était chrétienne, cette chrétienne était une sainte. Cette sainte à la foi robuste, c'était l'incarnation de la France d'alors ; et c'est pourquoi Dieu, qui peut tout, après lui avoir parlé par les voix de ses saintes, lui dit : « Je ferai de toi, humble fille des champs, la libératrice de mon peuple... Ce qu'un roi ne sait pas faire, toi, tu le feras. Toi qui jusqu'ici n'as su que garder les moutons, tu conduiras des armées à la victoire, tu mettras en déroute les vainqueurs d'aujourd'hui ; ta bannière flottera triomphante sur un royaume reconquis ; ta mission achevée, tu auras pour récompense les palmes du martyre, et, pendant qu'il y aura une France, et la France est immortelle ! ton nom sera béni et il se transmettra, à travers les siècles, comme le symbole de la foi, du courage et de l'immolation !... » (*Applaudissements répétés.*)

La foi, la foi sans nuages, la foi qui remue les montagnes et supprime les espaces entre la terre et le ciel, Jeanne d'Arc l'avait au fond de l'âme... Sa flamme ardente l'éclairait, la réchauffait, la transfigurait ; c'était, non pas une illuminée, une voyante, mais l'ange terrestre dont Dieu voulait se servir pour flageller et pour disperser les hordes de l'envahisseur...

Oui, la foi en Dieu, la foi dans la mission que Dieu lui avait donnée, la foi dans les moyens à employer, dans le but à atteindre, dans la France à reconquérir, dans le royaume à restaurer, dans le roi à sacrer, dans l'ennemi à mettre en déroute, dans l'aurore de la délivrance à faire luire sur la patrie vaincue, captive et déshonorée, — la foi ! voilà quelle fut l'épée de Jeanne d'Arc, celle contre laquelle elle échangea sa houlette et son fuseau de bergère pour aller, bravant toutes les résistances et surmontant tous les obstacles, droit devant elle, où Dieu lui avait dit d'aller !...

*
* *

Vous connaissez, Messieurs, les étapes de ce glorieux voyage, de cette épopée trop surprenante et trop merveilleuse pour que la science puisse l'expliquer...

Jeanne est partie, bravant le courroux de son père et les larmes maternelles. Baudricourt, le sire de Vaucouleurs, veut tout d'abord la châtier et la renvoyer à son village ; mais, entraîné par la voix du peuple, qui, lui aussi, a la foi et qui croit à la mission de Jeanne, il se décide à lui donner une armure et une escorte de six hommes pour l'accompagner jusqu'aux bords de la Loire et rejoindre le roi.

La petite troupe traverse la France, échappe à mille dangers et, le 6 mars 1429, arrive à Chinon. Jeanne y est traitée comme une aventurière. Les courtisans et les sceptiques, les impuissants et les découragés se rient d'elle et veulent l'empêcher d'arriver jusqu'au roi. Elle brise toutes les barrières : la voici devant le gentil Dauphin !... Elle, la paysanne, la bergère, elle lui parle sur le ton prophétique d'une envoyée du ciel ; elle traite avec lui de puissance à puissance ; elle lui annonce qu'elle fera lever le siège d'Orléans, qu'elle « boutera dehors les Anglais » et que, de victoire en victoire, elle le mènera sacrer à Reims...

Charles VII interdit, illuminé, convaincu par les secrets qu'elle lui révèle, consent à lui donner des troupes ; elle va prendre derrière l'autel de l'église de Sainte-Catherine de Fierbois l'épée de Charles-Martel ; elle arbore l'étendard fleurdelisé sur lequel est peinte l'image du Christ avec les noms *Jhesus Maria* : « grande et moult belle », elle apparaît avec sa figure inspirée, sous la cuirasse et la lourde armure qui enveloppent sa taille svelte, comme un ange descendu des cieux. Le peuple l'acclame, l'armée sent passer en elle un frisson d'enthousiasme. Le moral abattu des troupes se relève. Jeanne, dès le premier jour, ravitaille elle-même la place épuisée ; puis, à la tête d'une colonne d'attaque à laquelle elle communique son héroïque ardeur, elle court sus aux Anglais, ramène au combat les Français un instant écrasés par le nombre, se jette en avant, son étendard à la main ; sans tremper son épée dans le sang de l'ennemi, elle le met en pièces et, le 8 mai 1429, dans la journée à jamais mémorable des Tourelles, elle le force à lever le siège d'Orléans...

Sa première prédiction est ainsi accomplie ; mais, sans tarder, elle poursuit son œuvre. Alors commence, dirigée par une jeune fille de dix-huit ans, cette admirable campagne sur les bords de la Loire, de la Loire où, quatre siècles et demi plus tard, les mobiles de la Savoie, conduits par Costa, devaient verser leur premier sang pour leur nouvelle patrie (*applaudissements*) ; sur ces champs de Patay où, il y a vingt-quatre ans, l'étendard du Sacré-Cœur faisait revivre les glorieux exploits de la bannière de Jeanne d'Arc, où Charette, avec ses zouaves, devait prouver que la noblesse française est la digne héritière des La Hire, des Xaintrailles et des Dunois !... Auxerre et Troyes capitulent. Châlons-sur-Marne ouvre ses portes et, le 17 juillet 1429, le gentil Dauphin entre triomphalement à Reims. L'étranger est refoulé ; le roi a reconquis son royaume ; le roi de Bourges est couronné roi de France et Jeanne, déployant son étendard à la cérémonie du sacre, peut s'écrier : « Il a été à la peine, c'est bien raison qu'il soit à l'honneur !... » (*Nouveaux applaudissements.*)

Ici, Messieurs, Jeanne d'Arc est encore la personnification de la France et je ne dirai pas seulement de la France d'alors, mais de la France d'hier, d'aujourd'hui, de demain, de toujours !...

Cette jeune fille, qui se bat comme un lion, qui ne craint rien, qui se précipite dans la mêlée, qui reçoit des blessures, qui va de l'avant quand même, qui, grande et généreuse dans la victoire, épargne le sang de l'ennemi, soigne les blessés et protège les prisonniers, — oui, c'est bien la France ! la France de Clovis, la France des croisades, la France de Saint Louis, la France de Philippe Auguste ! Après elle, l'exemple de Jeanne servira de bannière à la France de François I*er*, d'Henri IV, de Louis XIV, à la France de Fontenoy, à la France de la première République et du premier Empire, à la France des colonies lointaines, où tant de héros obscurs ont versé leur sang, à la France d'Algérie, de Crimée, d'Italie, à la France même de l'année terrible !...

Oui, sur les champs de bataille où la patrie agonisante défendait pied à pied les lambeaux de son territoire, aux bords du Rhin, sur les rives de la Loire, dans les neiges de l'Est, les cuirassiers de Reischoffen, les cavaliers de Galliffet, les soldats de Canrobert et de Mac-Mahon, — je salue ici au nom de la patrie reconnaissante l'un des plus glorieux d'entre tous [1], — ceux de Charette, de Sonis et

---

[1] L'auditoire acclame le général Borson.

de Costa de Beauregard, les zouaves pontificaux comme les débris de l'armée régulière, les mobiles et les volontaires surgis de tous les rangs, de tous les camps, de toutes les classes, les aumôniers et les brancardiers, des soldats, eux aussi, et non des moins héroïques, — ils devaient démontrer que la France de 1870 était encore par le courage, qu'elle serait demain, si nos frontières étaient menacées, la France de Jeanne d'Arc, d'Orléans et de Patay ! (*Applaudissements répétés.*)

Et voilà pourquoi, Messieurs, cette angélique figure est en ce moment l'objet des acclamations de la France entière, qui se reconnaît en elle !

Voilà pourquoi, dans notre pays si divisé, il n'y a plus de division quand on prononce le nom de Jeanne d'Arc !... celles dont je parlais tout à l'heure ne comptent pas !...

Voilà pourquoi et ceux qui croient comme nous au caractère divin de sa mission, et ceux qui, comme d'autres, veulent n'y voir qu'une entreprise humaine, se réunissent dans un commun hommage aux pieds de la statue de la vierge de Domrémy !...

Oui, si Voltaire, qui « dort content » dans sa tombe avec son « hideux sourire, » en sortait pour vomir à nouveau ses sacrilèges injures contre la Pucelle, la Jeunesse française se chargerait de lui procurer la statue élevée par la main du bourreau que demandait pour lui Joseph de Maistre !... (*Applaudissements.*)

C'est ce qui me fait dire qu'après tout, notre siècle vaut mieux que celui de Voltaire, parce que, au déclin de ce siècle sur lequel Léon XIII, *lumen in cælo*, projette les irradiations d'un coucher de soleil qui est une aurore, on aura vu la France, la France tout entière se lever à l'appel du Grand Pape, — alors que le Vatican achemine la mémoire de la libératrice vers les splendeurs de la canonisation, la France, pansant ses blessures, acclamant sans désaccord, sans dissonance, la fille du peuple à laquelle, aux jours d'épreuves, la patrie a dû l'éveil du sentiment national, — la France enfin s'associant à la pensée du Saint-Père et répondant à la béatification pontificale par la fête nationale du patriotisme pour célébrer la date anniversaire de ce 8 mai 1429 où le siège d'Orléans était levé, le territoire reconquis, l'étranger refoulé et la route de Reims ouverte au jeune roi qui portait entre ses mains tremblantes les destinées de la patrie !... (*Applaudissements.*)

Oui, Messieurs, et c'est ce qui en a fait la gloire impérissable et l'incomparable grandeur, Jeanne d'Arc est bien l'incarnation même du patriotisme. A une heure de décomposition sociale, où l'exemple de la félonie venait d'en haut, où les grands ne songeaient qu'à leurs ambitions et à leurs plaisirs, où le pays désemparé, écartelé, tiraillé en sens contraire, perdait la notion de la dignité nationale et n'avait plus même la force de bondir devant les plus honteuses abdications, une jeune fille s'est levée et, arborant l'étendard de la délivrance, elle a crié à la France :

« Réveille-toi, noble terre, secoue tes chaînes, toi qui es faite pour commander, pour conquérir, pour aller en avant et non pour gémir sous le joug d'aucun despotisme ! Remonte en selle, marche derrière ma bannière !... Tire ton épée du fourreau... Je suis, moi, la guerrière qui a commerce avec les saintes : tu es, toi, le soldat de Dieu ! A nous deux, nous sommes invincibles ; chargeons et boutons dehors les Anglais !... » (*Applaudissements.*)

La France avait entendu cet appel venu du ciel ; elle se ressaisit à la voix d'une bergère et la bannière de Jeanne d'Arc, déployée sur le fort des Tourelles, sur les champs de Patay et sous les voûtes de la cathédrale de Reims, marquait dans l'histoire l'instauration de la patrie française surgissant d'une période de décadence plus jeune, plus forte et plus puissante que jamais !...

* * *

Et cependant, un sort était réservé à Jeanne d'Arc, qui est peut-être le plus beau fleuron de sa noble couronne...

Cette miraculée de la foi, ce prototype du courage humain devait avoir pour récompense un bûcher. A l'exemple du divin

Maître, descendu du ciel pour sauver le monde, Jeanne, descendue de sa montagne pour sauver la France, devait expier dans les flammes, attachée à une croix, le salut de la patrie.

Ici encore l'histoire a parlé...

Les deux prédictions sont accomplies. La mission de la bergère est achevée. Son étoile pâlit, Dieu semble s'éloigner d'elle. Elle veut retourner à ses brebis ; le roi la retient. Elle continue à déployer le même courage ; mais elle n'a plus la même foi dans le triomphe. Blessée au siège de Paris, elle succombe, l'année suivante, au siège de Compiègne : elle est faite prisonnière le 24 mai 1430.

Vendue par les Bourguignons, elle est livrée aux Anglais. On l'enferme comme une bête fauve dans une cage de fer. On la met en jugement sous la double accusation de sorcellerie et d'hérésie.

Alors commence cette parodie de la justice, ce procès inique et monstrueux où la libératrice de la France est poursuivie, harcelée, traquée par des juges qui ont vendu leur conscience, qui ne peuvent pardonner à Jeanne d'avoir fait l'union entre tous les Français, qui lui font un crime de son patriotisme, de sa foi, de sa valeur et, pour tout dire, du salut de la patrie...

L'angélique créature qui avait écouté « les voix de ses saintes, » elle était pour ces juges qui sacrifiaient le devoir, la dignité et les intérêts du pays à leurs criminelles ambitions et à leurs convoitises, elle était une possédée qui avait commerce avec le diable ! Jeanne livre au cours de cette lente agonie, de nouvelles batailles où elle déploie la même fermeté, le même courage, le même héroïsme.

Cette faible femme, enchaînée, abandonnée, privée de défense, apparaît devant la postérité avec l'auréole du sacrifice ; tandis que les juges qui l'ont condamnée sont voués à l'exécration des siècles et que l'Eglise, qui ne peut être atteinte par leur parjure, rejetant résolument hors de son sein les Judas et les brebis galeuses, n'a pas attendu un quart de siècle pour ordonner la révision de leur sentence et qu'aujourd'hui, poursuivant son œuvre sous le plus glorieux de tous les pontificats, elle s'apprête à béatifier celle que la France bénit, acclame, invoque comme une martyre et une sainte !

Oh ! oui, Jeanne fut bien une martyre, une sainte !

Le 30 mai 1431, dans ce mois consacré à la Vierge Marie, où la vierge de Domrémy avait commis le crime de délivrer Orléans, un bûcher est dressé à Rouen, sur la place du Vieux-Marché. Jeanne y monta, elle mourut en Française, en chrétienne, en soldat et, alors que le ciel s'entrouvrait déjà pour recevoir sa belle âme, elle adressait son dernier souffle à la France qui lui devait la liberté, au roi dont elle avait restauré le trône... Mort admirable devant laquelle des libre-penseurs tels que Michelet ont senti les vieilles croyances se réveiller dans leur âme et les larmes leur monter aux yeux. — Scène poignante et sublime à la fois, qui nous a valu la Messénienne de Casimir Delavigne :

> A travers les vapeurs d'une fumée ardente,
> Jeanne, encore menaçante,
> Montre aux Anglais son bras à demi consumé !...
> Pourquoi reculer d'épouvante,
> Anglais ?... Son bras est désarmé,
> La flamme l'environne et sa voix expirante
> Murmure encore : « O France ! ô mon roi bien-aimé ! »

Et le poète ajoute :

> Que faisait-il, ce roi ?...

Oh ! oui, que faisait-il ?... Le gentil Dauphin avait oublié la bonne Lorraine, et la bonne Lorraine, sur le bûcher de l'immolation, pardonnait à ses bourreaux, à ses juges iniques ; elle pardonnait aux Pilates qui se lavaient les mains de sa mort, au roi qui, retombé dans la mollesse et les plaisirs d'une cour voluptueuse, laissait sa libératrice mourir sur le bûcher !... (*Vive émotion*).

Son dernier adieu était pour la France ; sa dernière malédiction, pour l'ennemi, pour l'étranger ; et l'on eût dit qu'après avoir versé son sang pour la patrie, elle lui léguait encore son cœur et ses cendres calcinées comme pour la féconder et en faire sortir une impérissable moisson de foi, de courage et de patriotisme : de telle sorte que, par son immolation même et jusque dans les affres de la mort, Jeanne d'Arc servait encore la patrie et cimentait les assises de son unité et de sa grandeur !

Telles sont, Messieurs, sobrement racontées, les trois périodes de la vie de Jeanne d'Arc :

Bergère — Guerrière — Martyre
Foi — Courage — Immolation !

Au bout de cinq siècles bientôt, elles sont dans tous les souvenirs, dans tous les cœurs, sur toutes les lèvres et si récemment la *Croix* et l'*Univers* proposaient de choisir cette radieuse figure pour la placer, comme une sainte image, sur ces timbres destinés à l'échange des pensées entre les vivants, n'est-ce pas parce que Jeanne est la plus vivante des gloires du passé et qu'elle rappelle à tous les Français l'image toujours vivante de la patrie qui se personnifie en elle et dont elle a la première compris la force, l'éloquence et la fécondité ?...

II

Mais de ce tableau rapide il nous faut dégager, Messieurs, des enseignements pour le présent, des sources d'espérance pour l'avenir.....

De Jeanne d'Arc plus que de tout autre, on peut dire : *Defuncta adhuc loquitur*..... Oui, morte sur le bûcher, elle parle encore par sa foi, par son courage, par son immolation : elle dicte à la France d'aujourd'hui les grands et impérissables devoirs, et elle apprend à la France de demain à l'aide de quelles armes elle pourra conserver sa force, sa prospérité, reconquérir son ascendant moral, son prestige, son rang à la tête des nations civilisées.....

Depuis l'heure, en effet, où la France, encore à l'état de formation, subissait la redoutable épreuve de l'invasion anglaise sous l'étreinte de laquelle son autonomie faillit périr, elle a eu à traverser, à diverses époques de son histoire, d'autres heures difficiles dont elle a toujours triomphé, parce que, en dépit de toutes les fautes et de toutes les chutes, le bien chez nous l'a toujours emporté sur le mal, et que, dans la balance de l'éternelle justice, le plateau des mérites a toujours été plus lourd que celui des crimes sociaux.

Aujourd'hui, les horizons se sont élargis ; les mœurs, les institutions, les classifications, les relations sociales se sont modifiées ; de nouvelles forces ont surgi ; la petite France de Charles VII, quoique mutilée, est plus homogène et plus puissante qu'elle n'était alors : l'idée de patrie, encore vague et incertaine, à laquelle Jeanne d'Arc a donné le véritable essor, est devenue un dogme sacré et il semble, au sein du tourbillon qui nous emporte, que nous n'ayions qu'à nous laisser vivre au jour le jour et à nous désintéresser du lendemain...

Et cependant, Messieurs, ne nous y trompons pas, si la France n'est pas envahie comme en 1429, comme elle l'a été en 1814, en 1815 et en 1870, elle subit en ce moment une autre invasion, peut-être plus redoutable encore, parce que celle dont je parle peut entraîner toutes les autres et que les ennemis du dedans ne font souvent que préparer et précipiter l'œuvre des ennemis du dehors.

La patrie de Jeanne d'Arc souffre d'un mal qui était inconnu de son temps. L'invasion anglaise est remplacée par cette armée de fauves déchaînés pour qui il n'y a ni Dieu, ni maître, ni patrie. L'ordre social est ébranlé sur ses bases, et l'on se prend à trembler en songeant à ce que deviendrait la France si, à ces germes de dissolution intérieure, venait se joindre soudain le péril extérieur.

Oui, à notre tour, nous pouvons le dire, et en le disant nous ne faisons pas de politique, — il ne faut pas en faire dans cette belle journée, — nous ne sommes pas des conspirateurs, nous ne poussons pas un cri de révolte, mais le *Qui vive* du patriotisme en éveil : L'athéïsme, voilà l'ennemi ! oui, l'ennemi ! parce qu'il est le père de l'anarchie, le cri de guerre des Ravachol, des Vaillant et des Henry qui, en voulant escalader le ciel, commencent par couvrir la terre de ruines et de sang !..... (*Applaudissements, vive approbation.*)

Enlever Dieu de l'âme du peuple, lui fermer les horizons de l'au-delà, le parquer dans l'enclos de la vie présente, lui interdire de regarder en haut et d'écouter « la vieille chanson », que dis-je, les vieilles vérités qui, depuis des siècles, « bercent la misère humaine », le forcer à se contenter pour toute nourriture de l'herbe qu'il broutera le long d'une route bien courte et bien vite parcourue, — c'est livrer le peuple à tous les appétits de la brute non comprimés par le *Sursum corda* de l'âme immortelle, et, par une pente nécessaire, c'est lui enseigner à faire de la jouissance la seule raison d'être de la vie et des moyens d'y parvenir, quels qu'ils soient, l'exercice des droits de l'homme !.....

Ainsi se trouvent justifiés la suppression du capital, la négation du droit de propriété, la légitimité de l'union libre, du vol, de l'assassinat, de l'incendie, de ce que ces barbares de l'époque scientifique appellent la propagande par le fait. Il y a là des anneaux d'une même chaîne, soudés l'un à l'autre, et conséquences fatales les uns des autres : l'athéïsme conduit à l'immoralité ; l'immoralité à la soif de l'or ; la soif de l'or à l'envie ; l'envie à la révolte ; la révolte au socialisme ; le socialisme à l'anarchie ; l'anarchie à la destruction même de la patrie !

Eh bien ! Messieurs, en face des flots montants de l'anarchie, il faut que la Jeunesse française devienne la Jeanne d'Arc de la France moderne ; que, comme sa patronne, elle sorte de son effacement ; que, comme elle, elle crie : *Vive labeur !* qu'elle demande une épée, un cheval, une armure ; qu'elle entre dans la mêlée ; qu'elle coure sus à l'ennemi ; qu'elle le débloque des positions conquises ; qu'elle organise la contre-propagande par le fait ; qu'elle ait et qu'elle réalise la noble ambition d'éclairer, d'assainir, d'élever l'âme du peuple, de façon à détruire dans son germe ce virus anarchique qui est autrement à redouter que celui traité par Pasteur.

Et de la même façon que Jeanne d'Arc a voulu rendre la France à son « roi bien-aimé, » il faut que la Jeunesse française, qui est son héritière, travaille au grand jour à rendre notre France à Dieu ; qu'elle la réconcilie avec l'idée religieuse ; qu'elle la ramène à l'idéal, à la source de tous les grands sentiments et de tous les grands devoirs ; qu'elle l'arrache à la négation, au scepticisme, à la matière, pour lui faire contempler les larges horizons et les immortelles destinées !

Voilà le véritable remède à l'anarchie ; il vaut mieux que le chapeau du gendarme, si respectable qu'il soit ; mieux que les escouades de policiers, les arsenaux législatifs, les expédients parlementaires, les jeux d'équilibriste ou les compromissions de la peur ; et ceux-là qui déploieront cet étendard seront bien vraiment des soldats de Jeanne d'Arc, car ils combattront pour la France avec le Christ pour devise !..... (*Vifs applaudissements.*)

* *

Mais, pour vaincre dans cette autre croisade, pour remplir la mission qui lui est dévolue, la Jeunesse française devra s'inspirer de l'exemple de sa patronne.

Jeanne d'Arc a sauvé la France par la foi, par le courage et par l'immolation.

Il vous faut, jeunes gens, vous à qui appartient l'avenir, vous qui voyez se dérouler devant vous la perspective d'une longue vie, il vous faut sauver la France par la foi, par le courage et par l'immolation !

La foi ?... Je n'ai pas qualité pour vous l'enseigner au sens théologique du mot et j'entrevois ici des orateurs sacrés qui m'intimident... Je crois au surplus que ce serait peine inutile, car je prêcherais des convertis..... Mais j'entends par la foi cette disposition de l'âme qui croit, qui espère, qui s'épanouit, se dilate et se fortifie aux rayons du soleil, qui veut agir, qui a confiance dans l'utilité et dans la fécondité de l'effort, qui tient pour acquis ce qu'elle a conçu, et pour qui vouloir c'est pouvoir !.....

Quand Jeanne d'Arc, vêtue en paysanne, se présentait à Vaucouleurs au sire de Baudricourt ; quand, suivie de six hommes, elle traversait de bout à bout la France envahie ; quand, revêtue de sa première armure, à Chinon, elle franchissait la haie des courtisans moqueurs pour aller au roi, n'avait-elle pas à surmonter plus d'obstacles que vous n'en aurez à aller au cœur du peuple, à lui parler par l'exemple, par l'action et par la charité ?

Quand, pour la première fois, Jeanne d'Arc, prenant le commandement d'une armée vaincue et démoralisée, se précipitait, sa bannière déployée, sur les Anglais, n'avait-elle pas d'autres assauts à donner que les luttes pacifiques et légales auxquelles vous aurez à prendre part pour combattre les doctrines qui préparent et alimentent l'anarchie en enlevant au peuple son Dieu, ses croyances et son ciel ?.....

Jeanne d'Arc ne doutait pas du triomphe : elle agissait avec la sûreté, la décision que donne une conviction ferme. Confiante en Dieu, elle ne négligeait, elle, aucun des moyens humains pour aider le ciel. Elle avait la foi et les œuvres : ayez comme elle la foi et les œuvres ! Ne croyez pas que l'effort soit inutile et qu'il n'y ait plus qu'à laisser sauter les ministères et éclater périodiquement les bombes, en tâchant de ne pas se trouver dans leur rayon d'éclat, et en faisant un signe de croix, comme les bergers de la montagne, quand le tonnerre se met à gronder. Le mal social comporte d'autres remèdes et il est du devoir de tout bon citoyen de se mettre à la chaîne pour le combattre. Le peuple — un éloquent orateur le disait hier — n'aime pas les gémisseurs. A vous de « bouter » à votre tour ! Rappelez-vous que le chemin de Vaucouleurs conduit à Orléans. Allez au peuple comme la Pucelle allait au roi. Entre vous et l'âme de la France à reconquérir, il y a moins de distance qu'entre Jeanne d'Arc et les Anglais à repousser !... (*Applaudissements prolongés.*)

**
* **

Le courage !... Ici, je suis bien tranquille... Qui n'en a pas en France quand il s'agit de défendre la patrie en danger et de verser son sang pour elle ?... Vous êtes, jeunes gens, les fils de ceux qui ont conquis le monde, qui, dans tous les temps, sous tous les régimes, sous tous les drapeaux, ont déployé cette vaillance gauloise qui est une tradition de notre race. La France, en 1870, a vu, sur les bords de la Loire, se renouveler, sous les plis du même étendard, les exploits de Jeanne d'Arc et de ses preux compagnons. Demain, s'il le fallait, si l'heure venait d'en découdre, vous feriez votre devoir de soldat dans les rangs de cette armée, la grande muette dont le cœur est avec nous, et qu'on ne m'empêchera pas de saluer ici comme la sève, l'orgueil et la suprême espérance de la patrie !... (*Applaudissements.*)

Mais il y a un autre courage plus nécessaire encore à l'heure actuelle et plus difficile à obtenir de notre tempérament national, qui se prête plus au coup de collier fougueux, plus à l'action indépendante et personnelle qu'à l'effort discipliné, tenace et grandissant avec l'obstacle.....

Quand Jeanne d'Arc arriva sous les murs d'Orléans, avant de faire preuve de courage militaire, il lui fallut dépenser beaucoup d'énergie morale, braver les insolences des valets, les railleries des courtisans, les prédictions sinistres des pessimistes, triompher des intrigues des grands et de l'indiscipline des cadres, rompre avec la tactique néfaste des généraux du roi, pointer elle-même les canons, se mettre en avant, sans respect humain, payer de sa personne, communiquer à son armée l'ardeur, la confiance ; il lui fallut, à elle, la jeune fille candide et pure, ne pas craindre de prendre des vêtements d'homme, d'endosser une cuirasse, et, couverte du bouclier d'or de sa vertu et de sa foi, vivre dans les camps, panser les blessés, visiter les malades, se faisant aimer avant de se faire suivre et obéir.

Ce courage, vous devez l'avoir, Messieurs, et vous l'aurez, en songeant à la grandeur du but à atteindre... Il faut que, vous aussi, secouant la mollesse et les plaisirs au sein desquels le gentil Dauphin oubliait les malheurs de la patrie, vous vous leviez pour la secourir ; il faut que vous ne craigniez pas d'affirmer vos croyances, de les pratiquer ouvertement, de mettre votre conduite d'accord avec vos principes. Il faut vous dire que l'on n'a rien à craindre et que l'on peut tout affronter quand on est en paix avec sa conscience et avec Dieu. Il faut suivre votre chemin, sans défaillance et sans peur, sans vous préoccuper du jugement des hommes. Il faut qu'en toute circonstance vous proclamiez hautement le droit que nous avons, nous, catholiques, au soleil de la liberté, le devoir que vous avez, vous, Jeunesse de France, de collaborer au relèvement de la patrie. Il faut enfin que, pour vous faire suivre du peuple comme Jeanne d'Arc se faisait suivre de l'armée, vous vous fassiez aimer de lui, que, sans endosser la blouse du citoyen Thivrier, vous ne craigniez pas le contact de la blouse, qui recouvre plus encore de nobles cœurs qu'il n'y a d'esprits aveuglés chez ceux qui la portent. Il faut que vous vous intéressiez à l'ouvrier, que vous l'assistiez dans ses misères, que vous lui montriez incessamment le port où se trouve le refuge assuré contre l'anarchie et la solution équitable de la question sociale !.....

*
* *

Et c'est par là, — je le dis en terminant, — que la Jeunesse française imitera la vierge de Domrémy..... Jeanne d'Arc a sauvé la France par l'immolation. Je ne vous demande point, Messieurs, de monter sur un bûcher, ni de jeter au feu les noms, les traditions de vos ancêtres, vos titres de propriété, vos souvenirs, tout ce qui constitue l'homme, le fils, le citoyen... Ce que nous devons faire, nous, catholiques, en présence de cette nouvelle invasion des barbares, qui est bien véritablement un fléau de Dieu, — c'est d'immoler, c'est de sacrifier nos aises, notre tranquillité, nos goûts, nos intérêts, nos répugnances ; c'est d'entendre le patriotisme à la façon de notre grand compatriote de Maistre qui l'appelait « l'abdication individuelle » ; c'est de nous unir à la voix du Chef des fidèles, comme jadis la France à la voix de Jeanne d'Arc, pour faire luire dans l'âme du peuple la divine lumière de l'Evangile...

La question sociale est, en effet, insoluble autrement que par l'immolation de l'amour. Eh bien ! cette solution, est-il téméraire de dire que, seuls, les disciples de l'Evangile peuvent l'apporter et cela sans lâcheté, sans compromission, par l'application toute naturelle de leurs principes, par la mise en vigueur en haut et en bas — en haut peut-être plus encore qu'en bas — de cette doctrine à la fois divine et humaine que le Fils de Dieu fait homme enseignait il y a dix-neuf siècles et qui est aussi jeune que si elle datait d'hier, parce qu'elle est éternelle comme la justice de Dieu et comme l'immanente vérité ?

Non, il ne s'agit pas pour nous de faire du socialisme : — il n'y a pas, le comte de Mun l'a dit, il ne peut pas y avoir de socialisme chrétien ; — il ne s'agit pas de caresser le lion pour l'amadouer, d'abdiquer entre ses griffes le sentiment du juste et et de mendier de lui la sécurité d'un éphémère lendemain, contre des concessions sans cesse renouvelées et déchaînant des appétits toujours plus exigeants.

Il ne s'agit pas davantage de s'ériger en défenseurs systématiques du capital concentré par la spéculation entre les mains de quelques fils d'Israël, de l'approuver et de le soutenir dans ce que ses prétentions ont d'excessif et d'instituer autour de lui une garde consulaire repoussant par la force toutes les revendications raisonnables, toutes les aspirations légitimes vers un ordre de choses meilleur. (*Applaudissements.*)

Il ne s'agit pas, en un mot, de prêter la main à un bouleversement social qui serait la ruine de la société elle-même, non plus qu'au maintien intégral d'un *statu quo* qu'il faut améliorer parce que la justice l'exige et que la paix sociale le demande.

Or, le Saint-Père, ici encore, dans son admirable Encyclique sur la *Condition des Ouvriers,* a tranché le nœud gordien, en faisant luire sur le capital et le travail prêts à s'entre-dévorer la lumière pacifiante de l'Evangile, en rappelant à la société moderne la parole du Christ, celle que Jeanne d'Arc, l'héroïque soldat de Jésus, répétait aux Français divisés en leur montrant l'ennemi et le péril national :

> Aimez-vous les uns les autres !
> Soutenez-vous les uns les autres !
> Unissez-vous les uns aux autres !
> Immolez-vous les uns aux autres !

Vous êtes frères et vous êtes appelés à la même destinée ; dans le court passage de cette vie, vous avez, de par la volonté de Dieu, des conditions différentes. L'égalité absolue est irréalisable. Soyez donc, les uns et les autres, des hommes de votre condition.

Vous qui possédez, tendez la main à vos frères qui travaillent et qui peinent !... Soyez bons, soyez charitables, soyez justes vis-à-vis d'eux ! Familiarisez-vous avec eux, ne les considérez pas comme des êtres d'un ordre inférieur, d'une autre pâte que la vôtre, comme un *vulgum pecus* appelé à cultiver vos terres, à exploiter vos mines et à grossir vos capitaux !... Songez qu'eux aussi, ils ont un cœur, une âme ; que dans ce cœur et dans cette âme, il y a de nobles, de grands, de généreux sentiments, qu'il y a les mêmes amours que dans les vôtres : l'amour filial, l'amour conjugal, l'amour paternel, l'amour de la famille, l'amour de la patrie ; et qu'en somme, s'il y a plusieurs états dans la société, il n'y en a qu'un dans l'humanité, et que l'homme, en bas comme en haut, est partout l'homme, c'est-à-dire une créature faite à l'image de Dieu, condamnée à périr dans la même poussière, appelée à revivre dans la même immortalité !... (*Applaudissements répétés.*)

Et vous qui travaillez, qui peinez, tendez la main à vos frères qui possèdent !... Soyez bons, vous aussi, et soyez justes ! Songez que si le travail est nécessaire au capital, le capital ne l'est pas moins au travailleur !... Songez que vos revendications, si elles n'étaient pas maintenues dans d'équitables limites, aboutiraient à la destruction de la propriété, du crédit et de l'industrie, et par conséquent à la destruction du salaire et de la richesse nationale !... Fermez l'oreille aux conseils pervers ! Ouvrez votre âme aux rayons de l'Evangile de ce Christ qui, pour sauver le monde, voulut naître dans une étable et grandir sous le toit d'un ouvrier, de ce Dieu qui, pour sauver la France, choisit la fille d'un paysan ! (*Nouveaux applaudissements.*)

L'Evangile, Jeanne d'Arc en fut l'humble et glorieuse servante : c'est par amour de ses frères, par amour de cette grande famille de la patrie dont elle eut la maternité immaculée, qu'elle abandonna son père et sa mère, qu'elle se jeta dans la mêlée, qu'elle se reposa de ses exploits guerriers par la prière et la charité compatissante et qu'après avoir ceint le front de son roi des lauriers de la victoire, elle expira sur le bûcher en prononçant encore un dernier mot d'amour...

Et c'est pour cela qu'après avoir été méconnue, calomniée, sacrifiée, sa mémoire grandit avec les siècles et reçoit à la fin du nôtre le plus grand des honneurs humains :

Un Pape se levant pour la bénir !

Un peuple se levant pour l'acclamer !

Et, du fond de leurs repaires, les fils de la Veuve se levant pour essayer de troubler par leurs glapissements impuissants la grande harmonie de cet admirable concert !... (*Bravos, applaudissements.*)

Tels sont, Messieurs, la leçon et le rayon d'espérance qui se dégagent de cette sainte et idéale figure que je viens de saluer, sur la frontière de France, au terme de cette grande journée qui restera comme le couronnement et le dernier écho des manifestations patriotiques écloses de toutes parts en l'honneur de la « bonne lorraine, » de cette journée inoubliable où, grâce à vous, Monseigneur, il semble que nous nous trouvions en ce moment plus Français encore qu'hier et qu'un lien de plus se soit formé entre votre cœur et nos cœurs.....

Le 30 mai 1431, à l'heure où les chairs de la martyre crépitaient dans les flammes du bûcher, Jeanne, déjà spiritualisée et comme insensible à la souffrance, après avoir baisé le crucifix et dit adieu à la France et au roi, prononça le nom de Jésus en rendant le dernier soupir..... Au même moment, un homme d'armes anglais vit une colombe s'envoler du sein des flammes et s'écria : « Nous sommes perdus ! nous venons de brûler une sainte ! »

Cette colombe, qui semblait emporter la belle âme de Jeanne vers le séjour des anges, n'est-elle pas, Messieurs, en même temps que le symbole de sa vie, la protestation de l'innocence contre l'iniquité, de la justice contre la persécution, du droit contre la force brutale ?.... N'est-elle pas l'emblème du vœu de réconciliation nationale pour lequel vécut et mourut Jeanne d'Arc ?....

La colombe en son vol saluait la patrie française délivrée, reconstituée par le danger commun, unie par l'étranger et puisant dans son union la puissance de vaincre et de triompher des plus redoutables épreuves.

Quatre siècles et demi après, de nouveau envahie, la France voyait tous ses enfants se grouper, au souvenir de Jeanne d'Arc, sous le drapeau tricolore fraternellement uni à l'étendard de Patay et sauver son honneur, comme François Ier à Pavie, sinon l'intégrité de son territoire......

Aujourd'hui, le nom de Jeanne d'Arc est sur toutes les lèvres ; il met en branle le bourdon de Notre-Dame et les cloches de la frontière, comme si le pressentiment d'un danger commun étreignait toutes les âmes, comme si le besoin de se rapprocher et de se resserrer animait tous les cœurs.

Saluons, Messieurs, du pied de nos Alpes, la libératrice de la France, l'héroïne, la sainte et la grande Française qui nous enseigne le chemin de la victoire, de la foi et de la liberté !

Saluons la colombe qui de ces grands souvenirs rajeunis s'envole, portant le rameau d'olivier détaché des hauteurs sereines du Vatican (*vifs applaudissements*) : saluons-la comme la messagère de l'arc-en-ciel après l'orage, comme le symbole de cette pacification des consciences et des cœurs que demande le véritable esprit français, comme le signe précurseur de cette union qui se fera malgré tout, parce que Dieu le veut, et grâce à laquelle la patrie de Jeanne d'Arc pourra sonder sans crainte les horizons de l'avenir, tenir en respect les ennemis du dedans et du dehors, et, réconciliée avec le Christ, reconquérir tout entières sa force d'expansion civilisatrice, son unité morale et sa grandeur !

Jeunes gens, — sentinelles de la frontière, — vous qui un jour peut-être aurez à défendre la patrie, je vous convie à pousser avec moi ce cri qui fut celui de Jeanne d'Arc dans les trois périodes de son admirable vie :

Vive Dieu ! Vive labeur ! Vive la France !

(*Longue salve d'applaudissements.*)

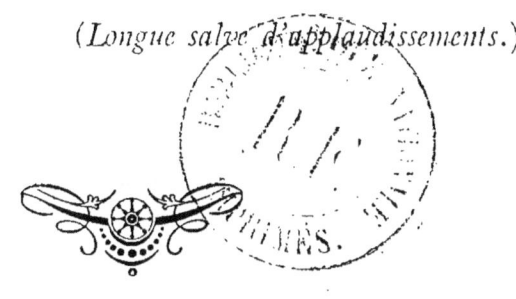

Chambéry. — Imprimerie Savoisienne.

www.ingramcontent.com/pod-product-compliance
Lightning Source LLC
Chambersburg PA
CBHW070707050426
42451CB00008B/541